El informe de Len sobre la democracia

por J. Dunham • ilustrado por Lane Yerkes

Orlando   Boston   Dallas   Chicago   San Diego

Visita *The Learning Site*

www.harcourtschool.com

"¿Qué voy a hacer?", pensó Len. "Tengo que presentar un informe oral sobre la democracia en frente de toda la clase mañana. No puedo posponer más la preparación del informe, pero todavía no tengo ni la menor idea de lo que voy a decir." Len caminaba impacientemente delante de su escritorio, mirando todo el material de investigación que había reunido para el informe de su clase de sexto grado. Su tarea era investigar cómo los griegos de la antigüedad inventaron la democracia y cómo la democracia de hoy en Estados Unidos está influenciada por el sistema griego, un orden inmenso.

Len había estudiado e intentado comprender a los filósofos griegos durante semanas, pero no sentía que había progresado mucho. La tarea presentaba dos problemas importantes. Primero, la idea de democracia de los griegos era muy diferente de la democracia que se practica actualmente en Estados Unidos, y no estaba seguro de poder explicar esto a la clase. Segundo, Len estaba muy nervioso de tener que hablar en frente de toda la clase, y más de su maestro, el señor Richard.

Len se sentó e intentó concentrarse en sus notas. Básicamente, el filósofo Sócrates era el que había dado origen a todo esto. Sócrates era uno de los pensadores más importantes de toda la historia, y fue muy importante en la Antigua Grecia. Nació en el año 469 a.C., y comenzó tallando piedras. Más tarde, estableció de forma informal una escuela en Atenas, sólo para pensadores. Frecuentemente se reunía con grupos de jóvenes para hablar sobre cuestiones filosóficas. Sócrates ordenó a sus estudiantes que se cuestionaran todo, porque él creía que "la vida no examinada no valía la pena vivirla".

El grupo filosófico de Sócrates debatía todo tipo de Grandes Ideas, incluyendo religión y ética. Al cuestionar a sus alumnos, Sócrates los alentaba a que aprendieran a pensar por sí mismos. Sócrates ejerció gran influencia en otros filósofos. Su método de enseñanza por medio del cuestionamiento, conocido como el método socrático, todavía se usa, especialmente en facultades de abogacía.

Desgraciadamente, cuando Sócrates tenía 70 años, los atenienses lo enjuiciaron por corromper a los jóvenes y no respetar a los dioses. Lo sentenciaron a muerte.

El estudiante más famoso de Sócrates, Platón, registró la filosofía y las ideas de Sócrates. De hecho, la mayoría de lo que sabemos sobre Sócrates hoy deriva de las escrituras que dejó Platón.

Sin embargo, Platón no creía que la democracia ateniense funcionara. Después de todo, el sistema democrático ateniense había condenado a muerte a su maestro Sócrates.

Platón escribió sobre su propia teoría del estado ideal, en el cual imaginaba una clase especial de líderes capacitados para poner orden y establecer justicia en la sociedad. El más sabio de estos líderes, un rey filósofo, tendría más autoridad que los demás.

Como Sócrates, Platón tenía un estudiante famoso, un científico llamado Aristóteles. Aristóteles dio continuidad a las tradiciones de Platón y Sócrates, debatiendo diferentes ideas y filosofías.

Al igual que muchos científicos, Aristóteles estaba interesado en crear un orden a través del descubrimiento y la invención científica (por ejemplo, clasificar distintas clases de plantas) y también a través del gobierno.

Aristóteles estudió todas las formas de gobierno conocidas, buscando la más eficaz. Al igual que su maestro Platón, Aristóteles tenía sus dudas sobre la democracia.

A él le preocupaba que la población tomara el poder y no gobernara sabiamente. Consecuentemente, Aristóteles prefería un gobernante honorable y fuerte, similar al rey filósofo de Platón.

Aristóteles creó un sistema para clasificar distintos tipos de gobiernos. Él designó cinco tipos de gobierno: monar-

CLASIFICACIÓN DE GOBIERNOS SEGÚN ARISTÓTELES

TIPO DE GOBIERNO	ESTRUCTURA
Monarquía	Un monarca (rey o reina) hereda el poder y gobierna de por vida.
Oligarquía	Las personas ricas gobiernan y tienen todo el poder.
Tiranía	Una persona (tirano) toma el poder y gobierna por la fuerza.
Democracia	Todos los ciudadanos votan y la mayoría gobierna.
República	Los ciudadanos eligen a sus representantes por votación. Estos representantes gobiernan y aprueban las leyes que rigen a los ciudadanos.

quía, oligarquía, tiranía, democracia y república.

Len pensó en cómo se había confundido durante una de
las lecciones del señor Richard cuando creyó que Estados
Unidos era una república en lugar de una democracia.
Después de todo, ¿no habían votado sus padres por las personas que los representaban en varios niveles del gobierno,
es decir, personas que aprobaban leyes y gobernaban?

De hecho, Len había hecho esa misma pregunta, y el
señor Richard sonrió aprobando el comentario y dijo que
tenía razón. Estados Unidos era de hecho una república
(recuerda el juramento a la bandera, "a la bandera de
Estados Unidos de América y a la *república* que ésta representa"), es decir, una república y una democracia.

El señor Richard había explicado cómo la democracia
había evolucionado en la Antigua Atenas. Era difícil que
todos los ciudadanos votaran todo el tiempo, por lo tanto,
los atenienses terminaron eligiendo representantes para que
votaran por ellos. En Atenas, estos representantes formaron
el Consejo de los 500 que eran elegidos al azar, ya que realmente no habían sido elegidos por votación.

Luego, el señor Richard había contado que en Atenas los únicos ciudadanos que podían votar eran los hombres, las mujeres no podían votar, ni tampoco lo podían hacer los esclavos. Cuando Len y sus compañeros de clase fruncieron el ceño y agitaron la cabeza, el señor Richard señaló que Estados Unidos había tenido esclavos hasta la Guerra Civil, cuando Abraham Lincoln abolió la esclavitud. Una vez que terminó la guerra los antiguos esclavos adquirieron el derecho a votar, es decir, los esclavos hombres. Las mujeres

todavía no tenían derecho a votar en nuestro país, y no adquirieron ese privilegio hasta 1920.

Algo más molestaba a Len: seguía pensando en la "caverna" de Platón. La caverna era una de las Grandes Ideas de Platón, pero Len no podía descifrarla. Él había leído que Platón se preguntaba si las personas vivían sus vidas como si fueran habitantes de cavernas. Platón decía que esas personas verían sombras en las paredes de la caverna y pensarían que las sombras representaban lo que realmente pasaba fuera de la caverna (en otras palabras, que las sombras eran la realidad y no solamente sombras). Sin embargo, como las personas vivían toda su vida *dentro* de la caverna, no se daban cuenta de que esas sombras eran sólo el eco sordo de lo que realmente sucedía *afuera*. De hecho, ellos sólo tenían una idea *turbia* de lo que había allí afuera. Esta idea de la caverna era muy confusa.

Len se preguntó si eso era lo que le estaba pasando a él. Quizá vivía en una caverna, quizá no entendía lo que sucedía con este informe de filosofía.

Len continuó mirando sus notas y se preocupó por el informe . . . hasta que se durmió completamente.

Mientras estaba dormido, soñó que veía tres hombres vestidos con los mantos, llamados togas, que los hombres de la Antigua Grecia vestían. Los tres hombres que se parecían a las imágenes que había visto de Platón, Aristóteles y Sócrates, estaban conversando. Uno de ellos, el que se parecía a Sócrates, hizo una pregunta a Len.

SÓCRATES: ¿Qué es la libertad?
LEN: Eh, perdón, señor, ¿está . . . hablando conmigo?
SÓCRATES: Fue una pregunta general para todo el grupo, pero si quieres responder, dinos qué piensas.

LEN: Mmmm, creo que tener libertad es poder hacer lo que quieres hacer.

SÓCRATES: ¿Lo que quieres hacer o simplemente lo que puedes hacer?

LEN: Ah . . . ambos, creo . . . Digo, a veces la libertad es poder ir a donde quieres ir, y a veces significa poder votar en la siguiente elección.

ARISTÓTELES: Muy interesante, por cierto. Este joven cree en la democracia, ¿verdad joven?

LEN: Espere, ¿cómo puede usted estar aquí? Ustedes no vivieron en la misma época, ¿verdad? ¿O es que me he perdido algo?

ARISTÓTELES: No, joven, tienes toda la razón, pero éste es tu sueño; por lo tanto, podemos estar los dos aquí al mismo tiempo; es decir, si así lo deseas.

LEN: Ah, ahora comprendo. Ustedes son el resultado de mi imaginación. Esto está muy bien, muy bien.

SÓCRATES: Volvamos a hablar de la democracia. ¿Crees o no en la democracia?

LEN: Sí, creo en la democracia. De hecho, justo estaba pen-

sando en la democracia esta noche, mientras estaba . . .
bueno, da igual. Estaba pensando justo en la democracia e
intentaba comprender cómo Estados Unidos de América . . .

ARISTÓTELES: ¿Qué es "Estados Unidos de América"?

LEN: Déjenme decirles que este lugar en donde vivo,
Estados Unidos de América, es realmente una democracia,
aunque también puede ser lo que Aristóteles denomina una
república, porque elegimos a personas que nos representan
en el Congreso. Ven, nosotros tenemos un Congreso, es
decir, el poder del gobierno que aprueba leyes. El Congreso
está formado por dos cuerpos: la Cámara de Representantes y el
Senado. Hay sólo dos senadores por cada estado, pero puede
haber un grupo de representantes en el Congreso, dependiendo
de la cantidad de personas que realmente vive en cada esta-

do. ¿Me comprenden?

ARISTÓTELES: ¡Dios mío! ¡Ve más despacio! ¿Estás diciendo que existen muchos estados en tu democracia?

LEN: Sí, señor Aristóteles, y cada estado está representado en el gobierno nacional, el cual constituye el gobierno central que reúne a todos los estados.

ARISTÓTELES: ¿Y se gobierna cada estado a sí mismo?

LEN: Sí, señor. Eso es verdad. De hecho, cada estado tiene un gobernador, elegido por todos los ciudadanos del estado, y esos mismos ciudadanos eligen representantes que van al Congreso y los representan en el gran gobierno nacional. En el Congreso, esos representantes votan sobre distintos temas, y cada representante es responsable de cómo vota, porque los ciudadanos deciden por votación si un representante permanece en el puesto o si alguna otra persona toma su lugar.

ARISTÓTELES: Bueno, díganme si esto no parece complejo, organizado y, bueno, democrático.

LEN: Es organizado, eficaz y democrático. ¡Es totalmente verdadero!

PLATÓN: Mmmm, perdón, debo hacer una pregunta muy importante: ¿a quiénes se les permite votar?

LEN: Todos los ciudadanos mayores de edad pueden votar en Estados Unidos de América.

PLATÓN: ¿No solamente la gente rica o los aristócratas?

LEN: Correcto, señor; todos pueden votar, ricos o pobres, hombres o mujeres, siempre y cuando esa persona sea un ciudadano en edad de votar. Mis antepasados eran esclavos antes de la Guerra Civil, y no podían votar, pero mi país ha cambiado y mejorado.

SÓCRATES: A mi modo de ver, eso suena como la definición de equidad.

ARISTÓTELES: Cuéntanos más sobre este gobierno; por ejemplo, ¿existe un líder o monarca de algún tipo?

LEN: Bueno, hay un presidente que es la cabeza de la nación, pero él o ella no tiene tanto poder como un monarca o un tirano, porque nuestro presidente se elige a través

de una elección democrática.

PLATÓN: No te preocupa que todos voten, joven, quiero decir, ¿no corre ese sistema en tu país algunos riesgos? Ciertamente no todos tienen la sabiduría necesaria para votar.

LEN: No se trata de una persona o de un pequeño grupo de personas que decide lo que puede o debe suceder. En este sistema se trata de dar a todos los ciudadanos el derecho a opinar, y se trata de ser justos. Mi país trata constantemente de ser justo.

PLATÓN: Pero escúchame, joven, ¿no crees que las personas más inteligentes son los mejores líderes?

LEN: Claro que sí, la inteligencia es importante, señor Platón, pero ante todo, nuestros líderes son responsables ante las personas que votaron por ellos. Esto quiere decir que los líderes deben aprobar leyes que son beneficiosas para los votantes. Si no lo hacen, perderán su trabajo.

SÓCRATES: Pero joven, ¿cómo se aseguran de que están eligiendo a las mejores personas para desempeñar cargos públicos?

LEN: Bueno, nuestro sistema no es siempre perfecto, pero si los políticos no consideran el bien de los votantes, los votantes finalmente se enterarán y esos políticos no durarán mucho en sus cargos.

ARISTÓTELES: ¿Cuántos estados hay en tu sistema democrático?

LEN: Tenemos 50 estados en total.

ARISTÓTELES: Eso parece que podría tornarse un poco caótico. ¿Cómo hace tu presidente para controlar a todos los estados y asegurarse de que todos están cumpliendo con las leyes? ¿Qué sucede si alguien viola la ley o comete un delito en uno de los estados?

LEN: El presidente no tiene que estar al tanto de todos los pequeños detalles, porque los estados y los gobiernos locales tienen bastante poder también. El presidente hace cumplir las leyes nacionales, pero se aprueban muchas leyes estatales y locales.

PLATÓN: Es posible que una regla local sólo sea válida para un área pequeña.

LEN: En realidad, nuestra democracia está basada en un sistema de control y equilibrio. Esto significa que nadie tiene demasiado poder. Nuestro gobierno consta de tres poderes, y el presidente representa sólo uno de los poderes. Los otros dos poderes de nuestro gobierno, el Congreso y el poder judicial, pueden controlar el poder del presidente. Por ejemplo, si el presidente quiere obtener fondos para un proyecto en particular, él debe obtener el dinero a través del Congreso, el poder que aprueba leyes. Está también el

✓ Control y equilibrio

Poder judicial: Explica las leyes
  - ✓ Se asegura de que las leyes que aprueba el Congreso sean justas
  - ✓ Se asegura de que los actos del presidente sean justos

Poder legislativo: Aprueba leyes
  - ✓ Aprueba el nombramiento de jueces
  - ✓ Puede hacer un juicio político a un presidente y destituirlo de su cargo
  - ✓ Puede hacer un juicio político a los jueces y destituirlos de su cargo

Poder ejecutivo (el presidente): Pone en práctica las leyes
  - ✓ Nombra a los jueces
  - ✓ Puede proponer leyes
  - ✓ Puede vetar leyes (detener su aprobación)

poder judicial, el poder que explica las leyes, y que asegura que el Congreso y el presidente sean justos y equitativos. En otras palabras, todos controlan lo que los demás hacen, para que nadie adquiera demasiado poder.

Len se despertó con la idea de cómo iba a comenzar. Miró el reloj en su escritorio, eran las 11 de la noche. Un instante antes había escuchado que su padre golpeaba la puerta y lo llamaba suavemente.

—¡Entra, Papá! —dijo Len abriendo la puerta a su

padre—. Me he debido dormir mientras terminaba la tarea.

El padre de Len parecía preocupado.

—¿Crees que terminarás el informe oral a tiempo?

Len pensó unos instantes y luego sonrió.

—En realidad, Papá, creo que finalmente lo entendí; ves, estaba preocupado en cómo describir nuestro gobierno a la clase, pero ahora tengo una perspectiva completamente nueva sobre esto de la democracia. Siento como si acabara de hablar con algunos de los filósofos más grandes de la historia, ¿y sabes qué, Papá?

—Dime, hijo —dijo su padre, sonriendo.

—Creo que Estados Unidos ha hecho un muy buen papel; realmente tenemos un buen sistema político, ¿verdad, Papá? No sólo funciona bien, sino que también es muy justo, y todas las personas tienen la oportunidad de opinar. Me gusta eso.

—A mí también, hijo. Y ahora quiero que me escuches, si no te importa: *es hora de que te vayas a acostar.*

Len sonrió. Estaba listo para irse a la cama, y también sabía que estaría listo para dar su informe oral mañana en la mañana.